PROCLAMATION DU ROI,

Sur le Décret de l'Assemblée Nationale, concernant les Colonies.

Du 10 Mars 1790.

VU par le Roi, le Décret dont la teneur suit :

Décret de l'Assemblée Nationale, du Lundi 8 Mars 1790.

L'ASSEMBLÉE NATIONALE délibérant sur les adresses & pétitions des villes de commerce & de manufactures, sur les pièces nouvellement arrivées de Saint-Domingue & de la Martinique, a elle adressées par le Ministre de la Marine, & sur les représentations des Députés des Colonies ;

Déclare que, considérant les Colonies comme une partie de l'Empire François, & desirant les faire jouir des fruits de l'heureuse régénération qui s'y est opérée, elle n'a cependant jamais entendu les comprendre dans la Constitution qu'elle a décrétée pour le Royaume, & les assujettir à des Lois qui pourroient être incompatibles avec leurs convenances locales & particulières :

En conséquence, elle a décrété & décrète ce qui suit :

ARTICLE PREMIER.

Chaque Colonie est autorisée à faire connoître son vœu sur la constitution, la législation & l'administration qui conviennent à sa prospérité & au bonheur de ses habitans, à la charge de se conformer aux principes généraux qui lient les Colonies à la Métropole, & qui assurent la conservation de leurs intérêts respectifs.

I I.

Dans les Colonies où il existe des Assemblés coloniales librement élues par les Citoyens, & avouées par eux, ces Assemblées seront

A

(3)

admifes à exprimer le vœu de la Colonie. Dans celles où il n'exifte pas d'Affemblées femblables, il en fera formé inceffamment pour remplir les mêmes fonctions.

I I I.

Le ROI fera fupplié de faire parvenir dans chaque Colonie, une Inftruction de l'Affemblée Nationale, renfermant, 1°. les moyens de parvenir à la formation des Affemblées coloniales dans les Colonies où il n'en exifte pas ; 2°. les bafes générales auxqueles les Affemblées coloniales devront fe conformer dans les plans de conftitution qu'elles préfenteront.

I V.

Les plans préparés dans lefdites Affemblées coloniales, feront foumis à l'Affemblée Nationale, pour être examinés, décrétés par elle, & préfentés à l'acceptation & à la fanction du Roi.

V.

Les Décrets de l'Affemblée Nationale, fur l'organifation des Municipalités & des Affemblées adminiftratives, feront envoyés auxdites Affemblées coloniales, avec pouvoir de mettre à exécution la partie defdits Décrets qui peut s'adapter aux convenances locales, fauf la décifion définitive de l'Affemblée Nationale & du Roi, fur les modifications qui auroient pu y être apportées, & la fanction provifoire du Gouverneur pour l'exécution des arrêtés qui feront pris par les Affemblées adminiftratives.

V I.

Les mêmes Affemblées coloniales énonceront leur vœu fur les modifications qui pourroient être apportées au régime prohibitif du commerce entre les Colonies & la Métropole, pour être, fur leurs pétitions, & après avoir entendu les repréfentations du Commerce françois, ftatué par l'Affemblée Nationale, ainfi qu'il appartiendra.

Au furplus, l'Affemblée Nationale déclare qu'elle n'a entendu rien innover dans aucune des branches du commerce, foit direct,

foit indirect, de la France avec fes Colonies ; met les Colons &
leurs propriétés fous la fauve-garde fpéciale de la Nation : déclare
criminel envers la Nation quiconque travailleroit à exciter des
foulèvemens contre eux. Jugeant favorablement des motifs qui ont
animé les Citoyens defdites Colonies, elle déclare qu'il n'y a lieu
contre eux à aucune inculpation ; elle attend de leur patriotifme le
maintien de la tranquillité, & une fidélité inviolable à la Nation,
à la Loi & au Roi.

LE ROI a accepté & accepte ledit Décret, pour être exécuté
fuivant fa forme & teneur ; en conféquence, mande & ordonne
aux Gouverneurs établis par Sa Majefté dans chacune des Colonies, & à tous autres, de l'obferver & exécuter en ce qui les
concerne. FAIT à Paris, le dix Mars mil fept cent quatre-vingt-dix,
Signé, L O U I S. *Et plus bas*, Par le Roi, LA LUZERNE.

PROCLAMATION DU ROI,

Sur un Décret de l'Assemblée Nationale, concernant l'île de Saint - Domingue.

Du 9 Avril 1790.

VU par le Roi, le Décret dont la teneur suit :

Décret de l'Assemblée Nationale , du 28 Mars 1790.

L'ASSEMBLÉE NATIONALE , après avoir entendu la lecture des *Instructions* rédigées par le Comité des Colonies, en exécution de ses Décrets du 8 du présent mois, pour les Colonies de Saint Domingue, à laquelle sont annexées les petites îles de la Tortue, la Gonave & l'île à Vaches ; de la Martinique, de la Guadeloupe, à laquelle sont annexées les petites îles de la Désirade, Marie-Galante, les Saintes, la partie Françoise de l'île Saint-Matin, de Cayenne & la Guyanne, de Sainte-Lucie, de Tabago, de l'île-de France & l'île de Bourbon, a déclaré approuver & adopter lesdites Instructions dans tout leur contenu ; en conséquence, elle décrète qu'elle seront transcrites sur le procès verbal de la séance, & que son président se retirera par-devers le Roi, pour le prier de leur donner son approbation.

Décrète en outre que le Roi sera supplié d'adresser incessamment lesdites Instructions, ainsi que le présent Décret, & celui du 8 de ce mois, concernant les Colonies, aux Gouverneurs établis par Sa Majesté dans chacune desdites Colonies, lesquelles observeront & exécuteront lesdites Instructions & Décrets, en ce qui les concerne, à peine d'en être responsables, & sans qu'il soit besoin de l'enregistrement & de la publication d'iceux par aucuns tribunaux.

Au surplus, l'Assemblée Nationale déclare n'entendre rien statuer, quant àprésent, sur les établissemens françois, dans les différentes parties du monde, non énoncés dans le présent Décret, lesquels, à raison de leur situation ou de leur moindre importance, n'ont pas paru devoir être compris dans les dispositions décrétées pour les Colonies.

Le Roi a fanctionné & fanctionne ledit Décret ; en confé-
quence, ordonne qu'il fera envoyé, ainfi que la proclamation de
Sa Majefté fur le Décret du 8 du mois dernier, & l'Inftruction
adreffée par l'Affemblée Nationale à la Colonie de Saint-Domingue,
à laquelle font annexées les petites îles de la Tortue, la Gonave
& l'île à Vaches, au Gouverneur de cette Colonie, auquel Sa
Majefté mande & ordonne de les obferver & faire exécuter en ce
qui le concerne. Fait à Paris, le neuf avril mil fept cent quatre-
vingt-dix. *Signé* LOUIS. *Et plus bas*, Par le Roi, LA LUZERNE.

INSTRUCTION ADRESSÉE PAR L'ASSEMBLÉE

NATIONALE A LA COLONIE DE SAINT-DOMINGUE,

A laquelle font annexées les petites Isles de la Tortue, la Gonave & l'Isle à Vaches.

Du 28 Mars 1790.

L'ASSEMBLÉE NATIONALE ayant, par fon Décret du 8 de ce mois, invité toutes les Colonies Françoifes à lui tranfmettre leurs vues fur la conftitution, fur l'adminiftration, fur les loix, & généralement fur tous les objets qui peuvent concourir à leur profpérité, a annoncé qu'il feroit joint à fon Décret quelques inftructions néceffaires pour parvenir plus furement & plus promptement à ce but.

Ces inftructions doivent avoir pour objet la formation des affemblées deftinées à exprimer le vœu des Colonies, & quelques points généraux propres à fervir de bafe à leur travail.

Pour connoître le vœu des Colonies, il eft indifpenfable de convoquer des affemblées coloniales, foit dans les Colonies où il n'en exifte point encore, foit dans celles où les affemblées exiftantes ne feroient pas autorifées par la confiance des citoyens.

Obligée de tracer provifoirement un mode pour leur formation, l'Affemblée Nationale a cru devoir choifir les formes les plus fimples, les plus rapprochées de celles qui ont été adoptées dans les Colonies où les citoyens fe font d'eux mêmes & librement affemblés; enfin les plus convenables à des affemblées dont le principal objet doit être de préparer des plans de Conftitution.

Ces affemblées méditeront elles-mêmes, en préparant la conftitution des Colonies, quels doivent être pour l'avenir la pofition & le mode de convocation des affemblées coloniales. Vouloir en ce moment prefcrire à cet égard des règles multipliées & compliquées, vouloir faire plus qu'il n'étoit indifpenfable, c'eût été non-feulement s'expofer à des erreurs, non-feulement appeler des difficultés dans l'exécution; mais altérer l'efprit du Décret rendu en faveur des Colonies, en faifant pour ainfi dire d'avance la Conftitution qu'elles font invitées à propofer.

D'après ces confidérations, l'Affemblée Nationale a cru que la députation aux premières affemblées coloniales, devoit être directe & fans aucun degré intermédiaire d'électeurs ;

Qu'elle devoit fe faire dans les paroiffes :

Que chaque paroiffe devoit députer à raifon du nombre des citoyens actifs qu'elle renferme dans fon fein ;

Que pour cette convocation & jufqu'à ce que la conftitution foit arrêtée on devoit confidérer comme citoyen actif tout homme majeur, propriétaire d'immeubles, ou, à défaut d'une telle propriété, domicilié dans la paroiffe depuis deux ans, & payant une contribution.

Les raifons communes à tous ces articles, font l'extrême facilité de l'exécution, leur reffemblance avec tout ce qui s'eft pratiqué dans les Colonies où les habitans ont formé d'eux-mêmes des affemblées ; enfin, le caractère d'une repréfentation pure, immédiate & univerfelle, qui convient particulièrement à des affemblées deftinées à préparer des plans de Conftitution.

On pourroit ajouter pour la députation directe, que la population des Colonies s'y prête fans difficulté, & que ce mode de repréfentation, le feul que la nature indique & que la févérité des principes avoue, eft d'une obligation rigoureufe toutes les fois qu'il eft poffible ;

Pour la députation par paroiffes, qu'elles font dans ce moment dans les Colonies les feules divifions politiques qu'on puiffe faire fervir commodément à la repréfentation ;

Pour la repréfentation proportionnée au nombre de citoyens actifs, qu'elle offre évidemment dans le moment actuel la feule mefure poffible, & qu'elle tient au principe fondamental des affemblées qui préparent des conftitutions ; car ces affemblées exerçant un droit qui appartient effentiellement au peuple même, tout ceux qui jouiffent du droit de cité, y font naturellement appelés : tous devroient y prendre place, fans l'impoffibilité qui réfulte de leur nombre ou de quelqu'autre motif. La nomination des Députés n'eft autre chofe, pour ces affemblées, qu'une réduction néceffitée par les circonftances, & ne peut par conféquent être proportionnée qu'au nombre de ceux qui, dans l'ordre naturel, auroient dû concourir à la délibération.

On verra fucceffivement quelles précautions ont été prifes, pour que cette forme de repréfentation ne fût pas défavantageufe aux campagnes.

Quant aux conditions attachées proviſoirement à la la qualité de citoyen actif, on peut ajouter à tout ce qui précède, qu'il eſt de l'intérêt général de chaque Colonie d'en multiplier le nombre, autant qu'il eſt poſſible, & que le même intérêt exiſte en particulier pour toutes les paroiſſes, puiſque le nombre de leurs Députés ſera proportionné à celui de leurs citoyens actifs. Cependant il a paru qu'à défaut d'une propriété immobiliaire, la ſimple condition d'une contribution ne pouvoit pas être ſuffiſante, & que dans les Colonies où beaucoup de gens n'habitent que momentanément & ſans aucun projet de s'y fixer, le domicile de deux ans étoit indiſpenſable pour attribuer la qualité de citoyen actif au contribuable non propriétaire.

Cette diſpoſition eſt une de celles qui contribueront à garantir les campagnes de l'influence prédominante des villes.

En adoptant ces baſes & toutes celles qui réuniroient la juſtice & la célérité, il eſt impoſſible de déterminer d'avance, & d'une manière exacte le nombre des Députés qui formeront les aſſemblées coloniales; mais il ſuffit évidemment de le prévoir par approximation établie dans chaque colonie entre le nombre des Députés & celui des citoyens actifs.

Le nombre des Députés à chaque aſſemblée coloniale, doit être aſſez grand pour autoriſer la confiance de la Colonie & celle de la Métropole; il doit être aſſez borné, pour que les déplacemens ne deviennent pas une charge pénible pour les habitans, & pour que la célérité des opérations que toutes les circonſtances rendent ſi deſirables, n'en ſoit pas néceſſairement arrêtée.

L'Aſſemblée Nationale a penſé que l'aſſemblée coloniale de Saint-Domingue, à laquelle ſont jointes les petites îles de la Tortue, la Gonave & l'île à Vaches, auroit le nombre de Députés convenable, ſi chaque paroiſſe en nommoit un, à raiſon de cent citoyens actifs, avec les modifications ſuivantes.

La députation devant ſe faire dans chaque paroiſſe iſolée & ſéparée, la juſtice exige que la moindre paroiſſe ne demeure pas ſans repréſentation, & qu'en conſéquence elle nomme un Député, quand même le nombre de ſes citoyens ſeroit très inférieur à cent.

Quant aux paroiſſes qui auroient plus de cent citoyens, il a paru juſte que le nombre qui pourra ſe trouver par-delà les centaines complètes, obtienne un Député, quand il ſera de cinquante au moins, puiſqu'étant également près du nombre où le Député

feroit entièrement dû, & de celui ou il n'y auroit rien à préten-
dre, la faveur de la repréfentation, & celle qui dans les Colonies
eft particulièrement due aux campagnes, doivent déterminer à
l'accorder.

Il eft évident que ces deux dernières difpofitions, comme celles
qui feront relatives à la qualité de citoyen actif, font toutes en
faveur des campagnes, & tendent à rétablir en leur faveur la
jufte proportion d'influence qu'elle doivent avoir avec les villes.

Ces formes de repréfentation étant convenues, l'Affemblée
Nationale doit indiquer la marche qui fera fuivie pour les mettre
à exécution.

La plus prompte & la plus fimple a paru la meilleure.

La tranfcription, la publication & l'autorité des Tribunaux,
font en général des moyens peu convenables à l'établiffement des
affemblées repréfentatives ; ils convenoient moins encore dans les
circonftances actuelles.

Il a paru à l'Affemblée Nationale que la diligence du Gouverneur
de chaque Colonie, garantie par la furveillance des citoyens &
par fa refponfabilité ; devoit fuffire pour faire parvenir, proclamer
& afficher dans toutes les paroiffes fes Décrets & fes Inftructions.

Cette forme étant remplie, les Décrets & les Inftructions étant
authentiquément connus, le zèle & l'intelligence des citoyens fuf-
fifent à leur exécution.

D'eux-mêmes ils fe formeront en affemblées paroiffiales ; ils véri-
fieront quels font ceux qui rempliffent les conditions requifes pour
y voter ; ils en calculeront le nombre pour connoître celui des Députés qu'ils doivent envoyer à l'Affemblée coloniale ; ils éliront
enfin les Députés qui fe rendront immédiatement dans la ville
centrale, indiquée par cette Inftruction, & qui de concert
y formeront l'Affemblée coloniale, ou la transfèreront dans
tel lieu qui leur paroîtra mieux convenir.

Les feules difficultés qui pourroient naître, feroient relatives aux
affemblées coloniales déjà formées & exiftantes dans quelques
Colonies.

Si ces affemblées, après avoir connu les Décrets & l'Inftruction de l'Affemblée Nationale, jugent elles-mêmes que la formation d'une nouvelle affemblée, conformément à cette Inftruction,
eft plus avantageufe à la Colonie que leur propre continuation, il
eft hors de doute que leur délibération fera parfaitement fuffifante,
& qu'on devra procéder fur le champ à de nouvelles élections.

Mais fi elles n'énoncent point cette opinion , il refte à connoître à leur égard les difpofitions des habitans.

L'Affemblée Nationale a annoncé que ces affemblées pourroient remplir les fonctions indiquées par fon Décret du 8 Mars , lorfqu'elles auroient été librement élues , & qu'elles feroient avouées par les citoyens.

Loin d'avoir , par cette difpofition , interdit aux habitans des Colonies la faculté d'opter entre ces affemblées exiftantes & celles qui pourroient être formées d'après la préfente convocation , elle l'a au contraire implicitement énoncée.

Mais quand elle ne leur auroit pas reconnu ce droit , ils le tiendroient de la nature , & rien ne pourroit obliger ni la Métropole, ni la Colonie à traiter enfemble par l'entremife d'une affemblée que ceux-mêmes qui l'auroient élue ne reconnoîtroient pas.

Il s'agit donc de tracer une forme fuivant laquelle cette option puiffe s'effectuer promptement & paifiblement.

On ne fauroit y parvenir que par la délibération des paroiffes.

Il faudra donc que chacune s'explique , & cet objet de délibération doit être le premier travail des affemblées paroiffiales.

Dans l'efpace de quinze jours après la proclamation & l'affiche, elles feront tenues d'énoncer leur vœu , & elles le feront parvenir immédiatement au Gouverneur de la Colonie & à l'Affemblée coloniale.

Chacune d'elles comptera pour autant de fuffrages, qu'en fuivant la forme de cette Inftruction , elle devroit avoir de Député à l'Affemblée coloniale.

Celles qui auront opté pour la formation d'une nouvelle affemblée , ne nommeront point leurs Députés avant que le vœu de la majorité ait été reconnu conforme à leur opinion , car une élection anticipée ne feroit propre qu'à exciter des troubles & des conteftations.

Tandis que le vœu de la Colonie ne fera point encore connu , l'affemblée coloniale exiftante pourra commencer à s'occuper des travaux indiqués par le Décret de l'Affemblée Nationale ; mais il eft évident que le droit de mettre à exécution , & de modifier provifoirement les Décrets de l'Affemblée Nationale fur les Municipalités & les affemblées adminiftratives , ne fauroit lui appartenir avant que le vœu des paroiffes ait confirmé fes pouvoirs & fon exiftence.

Après le terme écoulé, où toutes les assemblées paroissiales auront dû s'expliquer à cet égard, le Gouverneur notifiera de la manière la plus publique, le résultat des délibérations qui lui feront parvenues, & en donnera à chaque paroisse une connoissance particulière & authentique.

Si la moitié, plus un des suffrages des paroisses qui auront délibéré, demande la formation d'une nouvelle assemblée, il s'en suivra clairement que l'assemblée existante n'est pas avouée & autorisée par la Colonie; ses pouvoirs cesseront, il sera procédé immédiatement à la formation d'une nouvelle assemblée, suivant les formes indiquées dans cette Instruction: & en conséquence, toutes les assemblées paroissiales procéderont comme elles l'eussent fait, si lors de la première Proclamation, il n'eût point existé d'assemblée coloniale dans la Colonie.

Si au contraire, la moitié au moins des suffrages des paroisses délibérantes a voté pour la continuation de l'assemblée coloniale, elle sera conservée, & elle exercera dans leur plénitude les fonctions & les pouvoirs attribués par le Décret de l'Assemblée Nationale.

Ainsi les momens n'auront point été inutilement consommés; la forme admise librement par les habitans pour la formation de leur assemblée, n'aura point été contrariée; mais les pouvoirs auront été retirés ou confirmés au moment où de nouvelles fonctions & de nouvelles circonstances ne permettent plus de fonder sur ceux qu'elle avoit reçus précédemment, l'adhésion de la Colonie & la confiance de la Métropole.

Aucun doute, aucun désordre, aucun retard dangereux ne pourront résulter de l'observation de ces formes, si les Colons font pénétrés de l'idée que leurs intérêts les plus chers & les devoirs les plus sacrés du citoyen, les obligent à se soumettre sans murmure au vœu de la majorité; s'ls sentent que la promptitude & la conciliation dans l'exécution des mesures qui leur font indiquées, peuvent seules les faire sortir heureusement de l'état de crise où les circonstances les ont placés; qu'il s'agit pour eux de s'assurer promptement par une bonne constitution & les espérances qu'ils ont conçues, & les avantages qui leur font offerts; & que loin de les conduire à ce but, le prolongement de la fermentation les environneroit bientôt de dangers si pressans & si terribles, que tous les secours qui leur seroient portés, n'arriveroient jamais assez tôt pour les garantir.

L'Aſſemblée Nationale, après avoir indiqué les moyens de former les aſſemblées qui lui préſenteront le vœu des Colonies, eſt également obligée de fixer quelques baſes à leur plans de conſtitution, pour s'aſſurer autant qu'il eſt poſſible, que tous ceux qui lui ſeront offerts ſeront ſuſceptibles d'être accueillis.

Mais elle a voulu réduire ces conditions aux termes les plus ſimples, aux maximes les plus inconteſtables ; & au-delà de ce qui conſtitue les rapports fondamentaux des Colonies à la Métropole, elle n'a voulu rien ajouter qui pût impoſer quelque limite à la liberté des aſſemblées coloniales.

Les aſſemblées coloniales, occupées du travail de la Conſtitution appercevront la diſtinction des fonctions légiſlatives, exécutives, judiciaires, adminiſtratives : elles examineront comment il convient de les organiſer dans la Conſtitution de la Colonie ; les formes ſuivant leſquelles le pouvoir légiſlatif & exécutif doivent y être exercés ; le nombre, la compoſition, la hiérachie des tribunaux ; en quelles mains doit être confiée l'adminiſtration, le nombre, la formation, la ſubordination des différentes aſſemblées qui doivent y concourir ; les qualités qui pourront être exigées pour être citoyen actif, pour exercer les divers emplois ; en un mot, tout ce qui peut entrer dans la compoſition du gouvernement le plus propre à aſſurer le bonheur & la tranquillité des Colonies.

La nature de leurs intérêts qui ne ſauroient jamais entièrement ſe confondre avec ceux de la Métropole, les notions locales & particulières que néceſſite la préparation de leurs lois ; enfin, la diſtance des lieux & le temps néceſſaire pour les parcourir, établiſſent de grandes différences de ſituation entr'elles & les provinces françoiſes, & néceſſitent, par conſéquent, des différences dans leur Conſtitution.

Mais en s'occupant à les rechercher, il ne faut jamais perdre de vue qu'elles forment cependant une partie de l'empire François ; & que la protection qui leur eſt due par toutes les forces nationale, que les engagemens qui doivent exiſter entr'elle & le commerce François, en un mot, que tous les liens d'utilité réciproque qui les attachent à la Métropole, n'auroient aucune eſpèce de ſolidité ſans l'exiſtence des liens politiques qui leur ſervent de baſe.

De ces différentes vues il réſulte, quant au pouvoir légiſlatif,

Que les loix deſtinées à régir intérieurement les Colonies, indépendamment des relations qui exiſtent entr'elles & la Métropole, peuvent & doivent ſans difficulté ſe préparer dans leur ſein ;

Que ces mêmes lois peuvent être provisoirement exécutées, avec la sanction du Gouverneur ;

Mais que le droit de les approuver définitivemeut, doit être réservé à la législature Françoise & au Roi ;

A la législature, parcequ'elle est revêtue de la puissance nationale, & parcequ'il seroit impossible d'assurer, sans sa participation, que les lois préparées dans la Colonie ne porteroient aucune atteinte aux engagemens contractés avec la Métropole ;

Au Roi, parceque la sanction & toutes les fonctions de la royauté lui sont attribuées sur les Colonies, comme sur toutes les parties de l'empire François.

Il résulte également que les lois à porter sur les relations entre les Colonies & la Métropole, soit qu'elles ayent été demandées par les assemblées coloniales, soit qu'elles ayent été préparées dans l'Assemblée Nationale, doivent recevoir de celle-ci leur existence & leur autorié, & ne peuvent être exécutées, même provisoirement, qu'après avoir été décrétées par elle ; maxime de législation qui n'a point de rapport aux exceptions momentanées que peuvent exiger des besoins pressans & impérieux, relativement à l'introduction des subsistances.

Il résulte de ces mêmes vues, quant au pouvoir exécutif,

Qu'il est nécessaire que les fonctions attribuées au Roi dans toutes les paties de l'empire François, soient provisoirement exercées dans les Colonies, par un Gouverneur qui le représente.

Qu'en conséquence, le choix & l'installation des officiers qui sont à sa nomination, l'approbation nécessaire à l'exécution des décrets des assemblées administratives, & les autres actes qui exigent célérité, doivent être provisoirement attribués à ce Gouverneur, sous la réserve positive de l'approbation du Roi ;

Mais que dans les Colonies, comme en France, le Roi est le dépositaire suprême du pouvoir exécutif ; que tous les officiers de justice, d'administration, les forces militaires doivent le reconnoître pour leur chef, & que tous les pouvoirs attribués à la royauté dans la Constitution Françoise, ne peuvent être exercés provisoirement que par ceux qu'il en a chargés, définitivement que par lui.

Ces principes étant reconnus, toutes les vues qui peuvent concourir à la prospérité des Colonies, peuvent être prises en considération par les assemblées coloniales.

La Nation Françoise ne veut exercer fur elles d'autre influence que celle des liens établis & cimentés pour l'utilité commune ; elle n'eſt point jalouſe d'établir ou de conſerver des moyens d'oppreſſion.

Et quelles ſources de proſpérité n'offriront pas au patriotiſme des aſſemblées coloniales, les diverſes parties du travail qui leur eſt confié ? l'établiſſemen t d'un ordre judiciaire ſimple, aſſurant aux citoyens une juſtice impartiale & prompte ; une adminiſtration remiſe entre les mains de ceux qui y ſont intéreſſés, un mode d'impoſition approprié à leurs convenances, dont les formes ne pourront être changées, dont la quotité ne ſera réglée que par le vœu même des aſſemblées coloniales.

La France, à qui les lois de commerce avec les colonies doivent aſſurer avec avantage le dédommagement des frais qu'elle eſt obligée de ſoutenir pour les protéger, ne cherche point dans leur poſſeſſion une reſſource fiſcale. Leurs impoſitions particulières ſe borneront aux frais de leur propre Gouvernement, elles-mêmes en propoſeront l'établiſſement & la meſure.

La France ne cherche point dans ſes Colonies un moyen d'aſſouvir l'avidité, de flatter la tyrannie de quelques hommes prépoſés à leur adminiſtration ; les intérêts des citoyens doivent être gérés par eux-mêmes, & l'adminiſtration ne peut être confiée qu'à ceux qu'ils ont librement élus.

Les frais d'une juſtice compliquée, les longueurs & les artifices de la chicane, les déplacemens occaſionés par le reſſort trop étendu de certains tribunaux, ne peuvent convenir à des hommes inceſſamment occupés d'une culture avantageuſe & du commerce de ſes productions : il faut donc aux Colonies plus rigoureuſement encore qu'à la Métropole, une juſtice prompte, rapprochée & dépouillée de tous les moyens de deſpotiſme & d'oppreſſion.

Il n'eſt aucune de ces vues que l'Aſſemblée Nationale n'adopte avec ſatisfaction, lorſqu'elles lui feront propoſées par les aſſemblées coloniales ; mais après avoir conſidéré ce qui convient au bonheur intérieure des Colonies, il reſte à jeter un regard ſur leurs intérêts extérieurs.

L'Aſſemblée Nationale exerce envers chacune des parties de l'empire François, les droits qui appartiennent au corps ſocial ſur tous les membres qui le compoſent : chacun trouve en elle la garantie de ſes intérêts & de ſa liberté ; chacuñ eſt ſoûmis par elle à l'exercice de la volonté de tous Dépoſitaire de la plus légitime & de la plus impoſante des autorités, la nation qui l'a chargée de la conſervation de ſes droits, a mis à ſa diſpoſition toutes les forces néceſſaires pour les garantir. C'eſt donc pour elle un devoir rigide, une obligation ſacrée de les maintenir ſans altération ; mais plus ces droits ſont inconteſtables, plus la nation qui les a confiés, a de moyens pour les ſoutenir, & moins il convient à l'aſſemblée qui la repréſente, d'appeler à leur ſecours les armes de la foibleſſe & de la tyrannie. Une circonſpection timide, une vaine diſſimulation ravaleroient ſon caractère au niveau des pouvoirs uſurpés ou chancelans ; elle peut donc, elle doit donc, en traitant avec les enfans de la patrie, oublier un moment & mettre de côté tous les droits & tous les pouvoirs qu'elle eſt chargée d'exercer ſur eux, examiner & diſcuter leurs intérêts avec franchiſe, les attacher à leurs devoirs par le ſentiment de leur propre bien, & prêter à la majeſté de la nation qu'elle repréſente, le ſeul langage qui puiſſe lui convenir, celui de la raiſon & de la vérité.

En admettant les vues qui ont été expoſées ſur leur régime intérieur, les Colonies ſont tranquilles, bien adminiſtrées : échappées à l'oppreſſion, il leur reſte encore un beſoin.

Elles offrent à tous les peuples par leurs richeſſes, l'objet d'une active ambition, & n'ont point la population, & ne peuvent ſe procurer les forces maritimes & militaires qu'il eſt néceſſaire de leur oppoſer.

Il faut donc qu'unies, identifiées avec une grande puiſſance, elles trouvent dans la diſpoſition de ſes forces, la garantie des biens qui leur ſeront acquis par une bonne Conſtitution, par de bonnes lois intérieures.

Il faut que cette puiſſance, intéreſſée à leur conſervation par les avantages qu'elle recueillera de ſes tranſactions avec elles, ſe faſſe un devoir envers elles de la plus conſtante équité, qu'elle préſente toujours une maſſe de forces ſuffiſantes à leur protection, & que par ſon induſtrie, par ſes productions, par ſes capitaux, elle ait en elle tous les moyens qui doivent préparer les rapports de commerce les plus avantageux.

Voilà ce qui, pour les Colonies, forme le complément néceſſaire de leur exiſtence politique, en leur aſſurant la conſervation

de

de tous les biens intérieurs ; voilà ce que doivent leur avoir dit tous ceux qui leur ont inspiré le desir d'une bonne Constitution.

S'il étoit des hommes assez insensés pour oser les inviter à une existence politique isolée, à une indépendance absolue, on leur demanderoit, en laissant de côté la foi, les engagemens & tout ce que toutes les grandes nations peuvent employer pour les faire valoir ; on leur demanderoit quel est donc le secret de leurs espérances, où sont leurs forces pour les protéger. Enleveront-ils les hommes à la culture pour en faire des matelots ou des soldats ? les opposeront-ils avec quelque espoir aux premières puissances du monde ?

Mais, diront-ils, nous nous procurerons des alliances & des garanties ; & les croyez-vous donc désintéressées ? quand elles pourroient l'être un jour, pensez-vous qu'elles le fussent long-temps ? ne voyez-vous pas que toute protection seroit pour vous le commencement d'un nouveau gouvernement arbitraire ? Nous à qui tant de devoirs, à qui tant de chaînes vous lient, ne pourrions-nous pas vous dire, en oubliant tout, excepté vos intérêts : voilà nos principes, voilà nos lois ; choisissez d'être les citoyens libres d'une nation libre, ou de devenir bientôt les esclaves de ceux qui s'offriroient aujourd'hui pour vos alliés.

Et quand ils se flatteroient qu'une domination établie sur de tels fondemens, pût conserver pendant quelque temps une apparence de justice, on leur demanderoit encore quelle est cette nation qui pourroit promettre à nos Colonies plus de loyauté, plus de fraternité que nous n'en prouvons aujourd'hui ?

Quelle est cette nation qui pourroit déployer, pour leur protection, des forces plus imposantes & plus solidement fondées que celles dont nous disposerons après la crise qui nous régénère ?

Quelle est cette nation à qui la Nature a donné plus de moyens pour commercer avec elles ? qui peut produire & préparer dans son sein plus de matières propres à leur consommation ? qui peut faire un plus grand usage des leurs ? qui possède enfin plus que nous tout ce qui peut conduire au point où les échanges sont des deux parts les plus avantageux possibles ?

Elles n'ont pas, il est vrai, jusqu'à ce jour, recueilli dans toute leur étendue les fruits que ces diverses considérations doivent leur faire atteindre, mais où les causes en étoient-elles, si ce n'est dans les abus que nous avons détruits ?

Le régime de leur gouvernement étoit oppreſſif : la réponſe eſt dans notre révolution ; la réponſe eſt dans les Décrets & les inſtructions que nous envoyons dans les Colonies.

Nos forces navales n'ont jamais atteint le dégré de prépondérance que leur aſſignoient l'étendue de nos moyens & notre poſition géographique. Eh ! qu'avoient de plus que nous ceux qui avec moins d'hommes & moins de richeſſes naturelles, ſe ſont maintenus au premier rang des puiſſances maritimes ? ils avoient une Conſtitution, ils étoient libres.

Enfin la ſituation de notre commerce ne préſentoit pas toute la ſupériorité d'avantages que lui garantit l'enſemble de nos reſſources, auſſitôt qu'elles ſeront développées.

Mais ignore-t-on que juſqu'à ce jour le génie ſeul de la nation Françoiſe a lutté contre toutes les inſtitutions, toutes les entraves, tous les préjugés ?

Ignore-t-on qu'une opinion inconcevable plaçoit preſque toutes les profeſſions au-deſſus du commerce, de l'agriculture & de l'induſtrie productive, & détruiſoit ainſi chez une nation amoureuſe de la conſidération & de la gloire, ce germe qui donne naiſſance à tous les genres de perfection ?

Ignore-t-on que juſqu'à ce jour, parmi nous, on ſe livroit au commerce, dans l'eſpoir de s'enrichir promptement, & qu'on le quittoit auſſitôt qu'on avoit acquis aſſez de fortune pour le ſuivre d'une manière grande, également avantageuſe à ſoi & à ceux avec qui l'on négocie ?

Ignore-t-on que les capitaux qui auroient dû faire fleurir toutes les induſtries utiles, étoient abſorbés par un gouvernement emprunteur & par le tourbillon d'agioteurs dont ils étoient environnés ?

Ignore-t-on que les profits qu'il étoit obligé d'offrir en retour de la plus juſte méfiance, & ceux de l'infâme trafic qui s'alimentoit de ſes profuſions, ſoutenoient en France l'intérêt de l'argent à un prix qui ſuffiſoit ſeul pour retenir dans la médiocrité toutes les branches de notre induſtrie, & pour changer toutes les proportions de notre concours avec les autres peuples.

Voilà les abus que nous n'avons ceſſé d'attaquer, que nous nous ſommes occupés chaque jour à detruire : chaque jour nous approche du terme où, dégagés des entraves qui juſqu'ici ont contraint toutes nos facultés, nous prendrons enfin parmi les nations la place qui nous fut aſſignée. Alors notre liberté, notre puiſfance, notre fortune, feront le patrimoine de tous ceux qui auront partagé notre deftinée ; alors notre profpérité fe répandra fur tous ceux qui contracteront avec nous. L'Affemblée Nationale ne connoît point le langage & les détours d'une politique artficieufe ; elle ignore, elle méprife fur-tout les moyens de captiver les peuples autrement que par la juftice. Attachement réciproque, avantages communs, inaltérable fidelité ; voilà, peuple des colonies, ce qu'elle vous promet, & ce qu'elle vous demande. La nation Françoife éprouve depuis long-temps ce qu'on peut attendre de vous ; nous ne vous demandons point d'autres fentimens ; nous comptons fur eux avec certitude, & nous voulons qu'ils foient chaque jour mieux mérités & plus juftifiés de notre part. Nous vous recommandons en ce moment une tranquillité profonde, une grande union entre vous, une grande célérité dans les travaux qui doivent préparer votre nouvelle exiftence. Ces confeils font effentiels à votre bonheur, ils le font à votre fureté ; ne donnez point autour de vous l'exemple d'une divifion, d'une fermentation contagieufe. Vous avez, plus que d'autres, befoin de paix, & vous n'avez plus befoin de vous agiter pour conquérir ce que l'Affemblée Nationale a réfolu de vous propofer dès le premier moment où vous avez été l'objet de fes délibèrations.

Elle va rapprocher dans une fuite d'articles précis, les difpofitions effentielles de l'Inftruction qu'elle vous envoie.

ARTICLE PREMIER.

LE décret de l'Affemblée Nationale fur les Colonies, du 8 de ce mois, & la préfente Inftruction ayant été envoyés de la part du Roi au Gouverneur de la Colonie de Saint-Domingue, ce Gouverneur fera tenu auffitôt après leur réception, de les communiquer à l'affemblée coloniale s'il en exifte une déjà formée, de les notifier également aux affemblées provinciales, & d'en donner la connoiffance légale & authentique aux habitans de la Colonie, en les faifant proclamer & afficher dans toutes les paroiffes.

I I.

S'IL exifte une affemblée coloniale, elle pourra, en tout état, déclarer qu'elle juge la formation d'une nouvelle affemblée coloniale

[20]

plus avantageufe à la Colonie que la continuation de fa propre
activité, & dans ce cas, il fera procédé immédiatement aux
nouvelles élections.

I I I.

Si au contraire elle juge fa continuation plus avantageufe à la
Colonie, elle pourra commencer à travailler fuivant l s indica-
tions de l'Affemblée Nationale, mais fans pouvoir ufer de la faculté accordée aux affemblées coloniales, de mettre à exécution
certains Décrets, jufqu'à ce que l'intention de la Colonie, relativement à fa continuation, ait été conftatée par les formes qui
feront indiquées ci-après.

I V.

IMMÉDIATEMENT après la proclamation & l'affiche du Décret
& de l'Inftruction dans chaque paroiffe, toutes les perfonnes âgées
de vingt-cinq ans accomplis, propriétaires d'immeubles, ou à
défaut d'une telle propriété, domiciliées dans la paroiffe depuis
deux ans & payant une contribution, fe réuniront pour former
l'affemblée paroiffiale.

V

L'ASSEMBLÉE paroiffiale étant formée, commencera par prendre une parfaite connoiffance du Décret de l'Affemblée Nationale
du 8 de ce mois, & de la préfente Inftruction, pour procéder
à leur exécution, ainfi qu'il fuit.

V I.

S'IL n'exifte point dans la Colonie d'affemblée coloniale, précédemment élue, ou fi celle qui exiftoit, a déclaré qu'elle juge
plus avantageux d'en former une nouvelle, l'affemblée paroiffiale
procédera immédiatement à l'élection de fes Députés à l'affemblée
coloniale.

V I I.

A cet effet, il fera fait un état de dénombrement de toutes les
perfonnes de la paroiffe, abfentes ou préfentes, ayant les qualités
exprimées à l'article I V de la préfente *Inftruction*, pour déterminer

d'après leur nombre, celui des Députés qui doivent être envoyés-à l'assemblée coloniale.

V I I I.

CE dénombrement fait, le nombre des Députés à nommer sera déterminé à raison d'un pour cent citoyens, en observant, 1.º que la dernière centaine sera censée complète par le nombre de cinquante citoyens, de sorte que pour cent cinquante citoyens, il sera nommé deux Députés, pour deux cens cinquante citoyens, trois Députés, & ainsi de suite : 2.º qu'on n'aura aucun égard dans les paroisses où il y aura plus de cent citoyens, au nombre fractionnaire, lorsqu'il sera au-dessous de cinquante ; de sorte que pour cent quarante-neuf citoyens, il ne sera nommé qu'un Député, & ainsi de suite : 3º. enfin que les paroisses où il se trouvera moins de cent citoyens, nommeront toujours un Député, quel que foible que puisse être le nombre des citoyens qui s'y trouveront.

I X

APRÈS avoit déterminé le nombre des Députés qu'elles ont à nommer, les assemblées paroissiales procéderont à cette élection dans la forme qui leur paroîtra le plus convenable.

X.

LES assemblées paroissiales seront libres de donner des instructions à leurs Députés, mais elles ne pourront les charger d'aucuns mandats tendant à gêner leur opinion dans l'assemblée coloniale, & moins encore à y insérer des clauses ayant pour objet de les soustraire à l'empire de la majorité. Si une paroisse donnoit de tels mandats, ils seront réputés nuls, & l'assemblée coloniale pourroit n'y avoir aucun égard, mais l'élection des Députés n'en feroit pas invalidée.

X I.

LES Députés élus par l'assemblée paroissiale, se rendront immédiatement dans la ville de Léogane, & y détermineront le lieu où doit siéger l'assemblée coloniale.

X I I.

SI au moment où l'assemblée paroiffiale s'eft formée, il exiftoit dans la Colonie une affemblée coloniale précédemment élue, & fi cette affemblée n'a point déclaré qu'elle juge avantageux à la Colonie de la remplacer par une nouvelle, l'affemblée paroiffiale commencera par examiner elle-même cette queftion; elle pèfera toutes les raifons qui peuvent décider ou à autorifer l'affemblée coloniale exiftante, à remplir les fonctions indiquées par le Décret de l'Affemblée Nationale, ou à mettre à fa place une nouvelle affemblée élue conformément à la préfente Inftruction.

X I I I.

L'ASSEMBLÉE paroiffiale fera tenue de faire fon option dans l'efpace de quinze jours, à compter de celui où la proclamation aura été faite, & d'en donner immédiatement connoiffance au Gouverneur de la Colonie & à l'affemblée coloniale. Son vœu fera compté pour autant de voix qu'elle eût dû envoyer de Députés à l'affemblée coloniale, en fe conformant à cette Inftruction.

X I V.

LORSQUE le terme dans lequel toutes les paroiffes auront dû s'expliquer, fera écoulé, le Gouverneur de la Colonie vérifiera le nombre des paroiffes qui ont opté pour la formation d'une nouvelle affemblée; il en rendra le réfultat public par l'impreffion, avec le nom de toutes les paroiffes qui ont délibéré, l'expreffion du vœu que chacune a porté, & le nombre de voix qu'elle doit avoir à raifon du nombre de fes citoyens actifs; il notifiera d'une manière particulière ce même réfultat à toutes les paroiffes de la Colonie.

X V.

SI le defir de former une nouvelle affemblée n'a pas été exprimé par la majorité des voix des paroiffes, l'affemblée coloniale déjà élue continuera d'exifter, & fera chargée de toutes les fonctions indiquées par le Décret de l'Affemblée Nationale, & en confé-quence il ne fera point procédé dans les paroiffes à de nouvelles élections. Si au contraire le defir de former une nouvelle affemblée eft exprimé par la majorité des voix des paroiffes, tous les pouvoirs de l'affemblée coloniale exiftante cefferont, & il fera procédé fans délai dans toutes les paroiffes à de nouvelles élections, comme fi, à l'arrivée du Décret, il n'en eût point exifté ; en obfervant que les membres, foit de l'affemblée coloniale foit des affemblées provinciales exiftantes, pourront être élus aux mêmes conditions que les autres citoyens pour la nouvelle affemblée.

X V I.

L'ASSEMBLÉE coloniale formée ou non formée de la manière énoncée ci-deffus, s'organifera & procédera ainfi qu'il lui paroîtra convenable, & remplira les fonctions indiquées par le Décret de l'Affemblée Nationale du 8 de ce mois, en obfervant de fe conformer, dans fon travail fur la Conftitution, aux maximes énoncées dans les articles fuivans.

X V I I.

EXAMINANT les formes fuivant lefquelles le pouvoir légiflatif doit être exercé relativement aux Colonies, elles reconnoîtront que les lois deftinées à les régir, méditées & préparées dans leur fein, ne fauroient avoir une exiftence entière & définitive, avant d'avoir été décrétées par l'Affemblée Nationale & fanctionnées par le Roi ; que fi les lois purement intérieures peuvent être provifoirement exécutées avec la fanction d'un Gouverneur, & eu réfervant l'approbation définitive du Roi & de la légiflature Françoife, les lois propofées qui toucheroient aux rapports extérieurs, & qui pourroient en aucune manière changer ou modifier les relations entre les Colonies & la Métropole, ne fauroiênt recevoir aucune exécution, même provifoire, avant d'avoir été confacrées par la volonté nationale ; n'entendant point comprendre fous la dénomination de lois, les exceptions momentanées, relatives à l'introduction des fubfiftances qui peuvent avoir lieu à raifon d'un befoin preffant, & avec fanction du Gouverneur.

X V I I I.

EN examinant les formes fuivant lefquelles le pouvoir exécutif doit être exercé relativement aux Colonies, elles reconnoîtront que le Roi des François eſt dans la Colonie, comme dans tout l'Empire, le dépoſitaire ſuprême de cette partie de la puiſſance publique. Les tribunaux, l'adminiſtration, les forces militaires le reconnoîtront pour leur chef; il ſera repréſenté dans la Colonie par un Gouverneur qu'il aura nommé & qui exercera proviſoirement ſon autorité, mais ſous la réſerve toujours obſervée de ſon approbation définitive. *Signé* LOUIS. *Et plus, bas* LA LUZERNE.

Au Port-au-Prince, de l'Imprimerie de MOZARD.